COMITÉ DES DAMES POUR L'ARMÉE EN CAMPAGNE

SOCIÉTÉ FRANÇAISE

DE

SECOURS AUX BLESSÉS ET AUX VICTIMES

DE LA GUERRE

DU 20 NOVEMBRE 1870 AU 31 MARS 1872

COMITÉ DES DAMES POUR L'ARMÉE EN CAMPAGNE

RAPPORT

PRÉSENTÉ

AU COMITÉ CENTRAL DE PARIS

PAR

Jules FOREST

Secrétaire général des Comités de Dames
Membre correspondant spécial des Hospitaliers d'Afrique,
Membre de la Commission de la Société protectrice des Animaux,
Chevalier de l'Ordre Romain de Saint-Grégoire-le-Grand,
Membre de la Société Linnéenne de Lyon,
Auteur de différentes publications, etc.

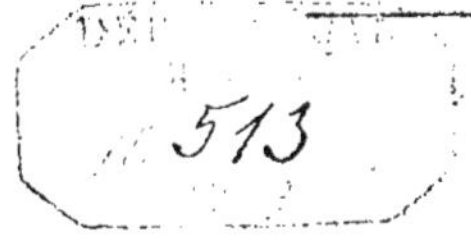

LYON

IMPRIMERIE TYPOGRAPHIQUE BELLON

33, RUE DE LYON, 33

—

1872

COMITÉ DES DAMES

COMMISSION SPÉCIALE DE TRAVAIL POUR L'ARMÉE FRANÇAISE

RAPPORT

De M. Jules FOREST, Secrétaire général

PRÉSENTÉ

AU COMITÉ CENTRAL DE PARIS

MESDAMES, MESSIEURS,

Dans le rapport général que nous avons eu l'honneur de publier le 31 mars dernier, sur les Comités et les différentes Commissions des Dames Lyonnaises, nous avons mentionné que, pour des motifs de réciproque convenance, il avait été décidé, avec le Comité sectionnaire, que le compte-rendu des travaux du Comité spécial pour l'armée en campagne, serait imprimé séparément.

C'est ce devoir que nous venons remplir aujourd'hui, afin de compléter l'œuvre des dames qui se sont dévouées, avec une abnégation si complète et si persévérante (chacune dans la sphère de ses attributions), au soulagement des nombreux martyrs de notre dernière invasion étrangère, dont les fatales conséquences pèsent encore si lourdement sur la France.

Pendant la durée de cette guerre, entreprise avec une insuffisance aussi marquée, toutes les souffrances des défenseurs de la patrie n'ont pas été circonscrites dans l'enceinte des ambulances et des hôpitaux militaires.

L'armée en campagne n'a-t-elle pas dû supporter, en 1871, toutes les rigueurs d'un hiver insolite, neige, froid, humidité?

A côté des blessés, n'a-t-elle pas eu ses malades : fiévreux, varioleux, pieds gelés, etc.?

Tous les soldats, d'ailleurs, quelle que soit leur souffrance, ne sont-ils pas les enfants de l'armée?

Ce fut cette pensée que sanctionna la circulaire ministérielle, en date du 6 août 1870, lorsqu'elle recommanda aux Préfets, d'*expédier sans retard, aux intendances, tous les objets reconnus propres aux services, que le patriotisme national destinait à nos soldats.*

La sollicitude des Dames lyonnaises, justement émue de ces douleurs, pensa qu'il ne suffisait pas de travailler pour les ambulances; qu'il fallait encore préserver le corps du soldat pour soutenir ses forces et diminuer, autant que possible, en les prévenant, le nombre des maladies.

Le 20 novembre 1870, elle organisa au palais Saint-Pierre, dans la salle des Antiques, que M. Martin-Daussigny, directeur des musées, s'empressa de faire préparer pour elles, avec l'obligeance qui le caractérise, une Commission spéciale de travail, dans le but de faire distribuer à l'armée française des vêtements chauds de toutes sortes, confectionnés par les Dames, ou provenant de générosités particulières.

Cette Commission a été établie comme suit :

Présidente :

Mme MILLEVOYE.

Vice-Présidentes :

Mmes BERNE, — BESSIÈRES, — CAILLAU, — MILLAUD, — VAUTARET.

Secrétaire :

Mme Hinstin.

Trésorière :

Mme Prénat.

De nombreux appels à la charité (car c'est toujours à la porte des cœurs qu'il faut frapper) ont emprunté toutes les formes : souscriptions mensuelles, quêtes à domicile, conférences, ventes, sermon de charité, loterie, etc. Rien n'a été épargné.

Les dames ci-après désignées se sont partagé les travaux suivants :

Quêtes, — Souscriptions, — Ventes.

Vice-Présidente :

Mme Berne.

Membres :

Mmes Biarez.	Mmes Gigodot.	Mmes Mouly.
Chauveau.	Janin.	Noyer.
Chastel.	Josserand.	Pasteur.
Collet.	Lagay.	Rongier.
Doucet.	Marret.	
Fuzy.	Motteroze.	

Les quêtes ont produit une première somme de 11,659 f. 85 c.
Les souscriptions mensuelles, une seconde de . 10,345 90
Les ventes (élégamment organisées), une troisième de. 6,726 60

Ces sommes n'ont point été versées dans la Caisse du Comité sectionnaire lyonnais, elles figurent au compte-rendu général publié à la fin de ce rapport.

Confection des Vêtements.

Vice-Présidente :

Mme VAUTARET.

Membres :

Mlles Barodet.	Mmes Glénard.	Mmes Scotti.
Berthet.	Hugues & Dorner	Silvan.
Billon.	Letourneur.	Storck.
Mmes Binet.	Lombard.	Souvras.
Bruyas.	Mlle Palisse.	Tisserand.
Desmarquest.	Mmes Rey du Mouchet	Tresca.
Gabut.	Rosset.	
Gerin.	Ronze.	

Distribution de vêtements.

Vice-Présidentes :

Mmes CAILLAU, — MILLAUD.

Membres :

Mme Chabrières.	Mme Puigsech.
Mlle Chambet.	Mlles Silvan.
Mmes Doucet.	Vautaret.
Morin-Pons.	Willermoz.

En cinq mois, il a été distribué à nos soldats en campagne, 74,238 objets d'utilité.

Conférences. — Sermon de charité.

Sous le patronage de ces Dames, trois conférences ont été faites dans la salle de l'ancienne Bourse, au palais Saint-Pierre, par MM. Soupé, V. Cherbulliez et Challamet.

L'obligeance et le talent justement appréciés de ces Messieurs, nous dispensent d'un éloge inutile.

Elles ont produit une somme de 3,063 fr. 70 c.

Le 27 novembre 1870, une messe, avec le concours de l'organiste, M. Reuchsel, et la musique de l'artillerie de la garde nationale, sous la direction de M. Luigini aîné, a été organisée par les soins de Mlle Chambet, dans l'église de Saint-Bonaventure.

M. le curé Merley, avec son éloquence entraînante, a prêché la nécessité de venir largement en aide aux défenseurs malheureux de la France mutilée.

Une quête a été faite par Mmes Millevoye, — Berne, — Chabrières, — Gayet, — Letourneur, — Marix, — Prénat, — Tresca, — Silvan, — Chambet.

Son résultat a produit 1,004 fr.

Loterie.

Si le flambeau de la charité ne s'éteint pas, les bourses s'épuisent.

Ne pouvant continuellement s'adresser aux dons pécuniaires, dont la totalité s'est élevée à 21,117 fr. 15. La Commission a, dans une circulaire, chaleureusement invoqué l'initiative privée de toutes les Dames lyonnaises, afin d'en obtenir des dons en nature et le sacrifice du superflu de leurs parures, resté sans emploi, pendant l'hiver doublement en deuil de 1871.

Elle a organisé une grande loterie, sous le patronage des Dames suivantes :

Vice-Présidente :

Mme Gayet.

Membres :

Mmes Gabut.	Mmes Renoux.
Gallavardin.	Schultz.
Marix.	Stella (de).
Picard.	

Le nombre des billets émis a été de 50,000.

Celui des lots exposés dans la salle du Musée industriel de 750.

Le produit des encaissements obtenus au 22 avril 1871, de 24,546 fr. 90 c. — La récolte s'est montrée digne de la semence.

Le Comité de travail pour l'armée ne s'est pas borné à soulager nos soldats en campagne, il a distribué aux ambulances sédentaires, à celle de la gare de Perrache, aux militaires revenant au sein de leurs familles, dans un délabrement pitoyable, un nombre considérable d'objets en laine et de vêtements.

Il a compté à la Commission distributive de secours aux familles malheureuses des blessés, une somme de 8,500 fr., qui figure au débit du compte présenté par cette Commission.

Il a remis à celle organisée pour secourir nos prisonniers en Allemagne, une autre somme de 1,911 fr.

Il s'est tout spécialement occupé (comme on le verra plus loin), des intéressantes victimes de l'Alsace et de la Lorraine.

Il a clos ses opérations le 22 avril 1871.

En voici le résumé à cette époque :

Il se balance par une somme égale de 94,061 fr. 40.

COMPTE-RENDU GÉNÉRAL

Du 20 Novembre 1870 au 22 Avril 1871

RECETTES

	Fr.	C.
Souscriptions mensuelles	10.345	90
Dons	21.117	15
Quêtes	11.659	85
Loterie des Lyonnaises	24.546	90
Comité Central de la Garde nationale et de la Commission départementale réunis	16.531	55
Conférences	3.063	70
Ventes	6.726	60
Intérêts du compte au 15 avril	69	75
TOTAL	94.061	40

DÉPENSES

	Fr.	C.
Laine à tricoter	30.726	05
Etoffes	18.263	75
Vêtements confectionnés	27.651	80
Façons	9.176	75
Mercerie et fournitures	848	40
Frais d'emballage et de ports, timbres, voitures	765	40
Fournitures de bureaux, frais d'impression, têtes de lettres, etc.	193	85
Resemellage et chaussures	104	90
Achats et frais de vente	298	25
Aux Alsaciens	843	»
Aux ambulances et aux gares	625	»
Au Comité des prisonniers	1.911	»
Change de monnaie	1	60
Paiement des employés et étrennes	570	»
Frais de la Loterie des Lyonnaises	546	65
TOTAL	92.526	40
Solde à toucher au Crédit Lyonnais	203	65
En Caisse	1.331	35
TOTAL ÉGAL	94.061	40

Dans la somme des recettes ne figure pas le solde des billets de loterie, dont le montant n'est rentré qu'après la clôture des travaux de la Commission. Il a été décidé, à sa dernière réunion, que cette somme serait appliquée, par égale part, aux provinces envahies et aux soldats malades appartenant à la zone lyonnaise, afin de soulager à la fois et les misères de notre cité, et celles des départements.

ENVOIS ET DONS FAITS A L'ARMÉE

Du 20 Novembre 1870 au 22 Avril 1871

Paires de chaussettes	37.844
Capuchons	7.410
Caleçons	3.059
Gilets laine, coton, flanelle, etc.	5.768
Cache-nez	2.168
Plastrons	1.060
Passe-montagnes tricotés	2.921
Genouillères	338
Couvertures	340
Jambières	219
Vareuses, habits, blouses, manteaux	1.210
Ceintures de flanelle	1.933
Paires de gants de laine	1.041
Chemises	5.202
Mouchoirs de poche	1.861
Pantalons	1.304
Bonnets de coton	94
Paires de manchettes	141
Peaux de mouton	8
Paires de souliers	90
Paires de guêtres	4
Chaussons	213
Cravates	10
Total des objets délivrés en nature	74.238

Il est impossible de citer toutes les Dames qui ont travaillé ou quêté pour nos malheureux soldats ; mais le Comité croirait manquer à un devoir de reconnaissance, en ne remerciant pas au moins les Dames étrangères à notre ville qui ont concouru à l'Œuvre des Lyonnaises. Ce sont :

Mme Anna Simon, de Modane, qui, malgré les rigueurs de l'hiver, a parcouru un grand nombre de villages de la Savoie ; — Mlle Chalamel, de Privas ; — les Dames du Comité Français de la Chaux-de-Fonds ; — Mlle Riboulet, du Bois-d'Oingt ; — les Dames des communes de Cogny, — d'Yzernore, — de Bourgoin ; — les habitants de Saint-Etienne (Loire) ; — ceux de Quincieux (Rhône) ; — le Comité patriotique français de Milan — et le Comité de moralisation par le travail de Clermont, lesquels (chacun dans la mesure de ses ressources) ont envoyé des dons en nature ou en argent, plus ou moins considérables.

Pendant que nous sommes en bonne voie de remercîments, n'oublions pas les services empressés et soutenus journellement rendus par M. Adenot, gardien du Musée archéologique de Lyon. Son concours a été aussi précieux qu'intelligent.

Depuis la cessation des travaux et le rendement de compte du 22 avril 1871, il a été procédé à la vente d'objets en laine dont le changement de saison a neutralisé l'utilité.

Le produit de cette vente auquel ont été ajoutés 100 francs envoyés par le Comité lyonnais des dames à la Chaux-de-Fonds, s'est élevé à la somme de 2.000 francs qui ont été consacrés à l'acquisition et façons de chemises, chaussettes, blouses, pantalons, etc., distribués aux blessés convalescents, aux soldats pauvres et à nos frères dépouillés et fidèles de l'Alsace et de la Lorraine, hommes, femmes ou enfants, qui, après avoir volontairement abandonné leur foyer, par amour pour la France, dont ils ont voulu partager la mauvaise fortune, sont venus se réfugier à Lyon, auxquels ces dames ont servi de secondes mères et qu'elles ont vêtus, placés et surveillés, afin de les mettre à l'abri du besoin.

La distribution a été faite au nom de la Commission départementale qui a continué après la Garde nationale, pour les familles malheureuses, l'œuvre commencée en août 1870 par les dames de la Commission n° 3, mentionnée dans notre premier rapport.

Cette Commission départementale, composée de MM. CHANAL, président ; docteur SORDET, vice-président ; DOLFUS, trésorier, et Jules PLACE, secrétaire, a fourni au présent Comité, pour l'armée, une somme de 16.531 francs 55 c. qui figure au débit de l'état général des recettes.

Elle s'est appliquée à rechercher les souffrances ignorées, car la douleur qui se cache est la plus digne d'intérêt.

Elle a ouvert un bureau de placement pour les militaires revenus de l'armée, et pour les Alsaciens et Lorrains émigrés.

Soins, démarches et registres ont été confiés aux dames dont l'action et le patriotisme incessants sont parvenus à placer (grâce à la coopération des commerçants, des industriels lyonnais et de quelques agriculteurs), plus de 800 de ces infortunés, selon leur aptitude et leurs besoins.

Aussi, dans son compte-rendu, ladite Commission ne leur a-t-elle pas ménagé les éloges qui leur sont si légitimement dûs.

Bien que toutes aient rivalisé de zèle et de générosité, il en est quelques-unes qui sont restées sur la brèche jusqu'au dernier jour, 31 mars 1872, et qui mériteraient d'être particulièrement signalées.

Si leur modestie a décliné cette justice, nous croyons servir d'écho à la pensée de toutes, en nommant au moins Mme Vautaret qui ne s'est retirée que lorsque l'épuisement des ressources a nécessité la clôture des secours, et qui consacre aujourd'hui son activité féconde au service de l'œuvre de la Société protectrice de l'enfance.

Ce rapport termine la longue série des travaux de toutes les Commissions des dames lyonnaises, établies en faveur des blessés et des victimes de cette guerre désastreuse de 1870-1871.

A la première apparition de l'idée humanitaire conçue en faveur des blessés sur les champs de bataille, on n'a pas songé au nombreux cortége des misères que la guerre traîne à sa suite.

On ne s'est inquiété d'abord que des blessures matérielles du soldat, sans se préoccuper de ses autres souffrances morales et physiques, — de ses besoins auxquels l'intendance militaire peut suffire en temps de paix, mais non en temps de guerre, — de ceux de sa famille, privée de soutien pour le présent, lorsqu'elle est pauvre, — de l'obligation de gagner lui-même sa vie pour l'avenir, lorsqu'il est estropié.

Ce faisceau de douleurs mystérieuses s'est dressé devant la sollicitude de ces Dames et a motivé la création du Comité spécial de travail pour l'armée en campagne.

Ce Comité a donc bien mérité de la patrie.

Il a deviné et secouru, dans la mesure modeste de ses forces, toutes ces tristesses momentanément imprévues.

Il a prouvé à l'Intendance sur qui et sur quoi elle pouvait compter en cas de nécessité.

Il a été le complément de la Convention de Genève du 29 octobre 1863 ; — des statuts de la Société française de Secours à Paris du 23 juin 1866 ; — des intentions de la Commission gouvernementale du 25 juillet 1870.

Il a mis en pratique, sur un vaste rayon, cette pensée si chevaleresquement exprimée par M. Dunand, dans son ouvrage intitulé : *Un Souvenir de Solferino :*

Le militaire qui sert et défend son pays a droit à toute la sollicitude de ses concitoyens.

JULES FOREST.

Lyon, le 31 Mars 1872.

Lyon.— Imp. du Salut Public.— Bellon, r. de Lyon, 33.

www.ingramcontent.com/pod-product-compliance
Ingram Content Group UK Ltd.
Pitfield, Milton Keynes, MK11 3LW, UK
UKHW020503220726
13923UKWH00006B/2734